<u>Śpiąca Kurewna</u>

W kraju wielkim i bogatym,
gdzie urodnym i cycatym
dziewkom dobrze się powodzi,
gdyż król w noc do nich zachodzi,

działa się historia cała.
Urodziła się, bez mała,
na największym kurwidołku.
Mogła być każdym z pachołków

za córeczkę przypisana,
taka z jej mamusi dama.
Lecz król cnotą też nie raził,
w każdą pizdę chętnie właził.

Duet mieli wiec spokojny,
żadnych nerwów, fochów, wojny.
Kiedy ją cipa swędziała,
pierwszych z brzegu w łóżko brała.

Król się czasem też załapał,
i kutasem w piczy chlapał.
Dziecka długo już czekali,
więc się bardzo radowali.

Orgię zatem wyprawili
i Kurwiszki zaprosili.
Wróżki śliczne, młode, chętne,
w pierdoleniu wręcz zawzięte.

Liczą na wspaniałe dary,
dla córeczki, co bez miary
ukochali, hołubili.
Goście dobrze się sprawili.

Wróżki dzielnie się ruchają,
w dupę, w pipkę wsadzić dają
I do buzi biorą chuje,
a królowa im wtóruje.

Król bezczynnie też nie siedział,
jak ma dziewkę zjebać wiedział.
Więc ujeżdża ją na stole,
sperma pływa już w rosole.

Dwórki chętnie dają dupy,
cnym rycerzom co ich z kupy
innych panien wyłowili.
W ich usteczka się spuścili.

Potem znowu się zabrali
za królową, wróżki z sali.
Król dziewoje penetrował
cycki ściskał i pompował.

Gdy się wszyscy wyruchali,
ucichł gwar i jazgot w sali.
Nad łóżeczkiem się schylają
wróżki dary swoje dają.

Bardzo chciały by królewna,
była w życiu swego pewna
i przyjemnie się przerżnęła,
gdy już kogoś zapragnęła.

By szczęśliwa zawsze była
i, gdy mogła, się pieprzyła.
- Będziesz cudnie robić loda -
dar jej pierwsza wróżka poda.

- Z każdym chujem se poradzisz,
choć największy – w cipkę wsadzisz.
W pupcie, w gardło też dasz radę,
właśnie zdjęłam ci blokadę –

druga wróżka czary czyni.
- A w palcówkach tyś mistrzyni
- mówi trzecia – tak dogodzisz,
że się z fiutem każdym zgodzisz.

Czwarta wróżka czary prawi
- Każdy chuj przyjemność sprawi,
czy to wielki czy malutki,
zetrze troski oraz smutki.-

Piąta wróżka przystępuje
i nad dzieckiem już czaruje.
- Będziesz śliczna jak aniołek,
duże cycki, ciasny dołek.

Szósta daje jej ochotę,
do ciupciania, serce złote.
Będzie chętna i swawolna,
do perwersji każdej zdolna

Nagle jasny piorun trzaśnie.
Stara Kurwa przyszła właśnie,
sto lat temu już dawała,
wielka była wróżki chwała.

Później strasznie się roztyła,
jednak dalej się kurwiła.
Teraz jednak pomarszczona,
marzy by być pierdolona.

Nikt jej jednak jebać nie chce
nikt jej pałą nie połechce.
Król na orgię jej nie prosił
stare próchno ledwo znosił.

Zębów żadnych już nie miała
więc czasami w gębę brała.
Jednak chętnych było mało,
choć się jebać babie chciało.

Mam dar piękny dla córeczki.
- Nie wyruchasz swej pipeczki.
Jeśli życie mam darować,
ty dziewictwo masz zachować.

Ty wrzecionem się ukłujesz,
gdy piętnaście lat poczujesz.
Lecz gdy będziesz zacz cnotliwa,
wyjdziesz z próby zdrowa, żywa.

Lecz gdy chuja pizda zazna,
nie pomoże moc tu żadna.-
Tak złe czary odprawiała
jędza tłusta i zgrzybiała.

Znikła jak się pojawiła,
smród swej cipy zostawiła.
Wszyscy stoją porażeni,
i w rozpaczy pogrążeni.

Nagle jęki jakieś słychać,
ktoś pod stołem przestał wzdychać.
Jedna wróżka się ostała,
ogarowi obciągała.

Wyszła zaraz, różdżki szuka,
coś pod nosem sobie duka.
- Zaśniesz tylko ty królewno
a obudzi cię na pewno

cny królewicz, niezdobyty,
co nie zaznał nigdy pipy.
Jego pała będzie wielka
lecz poradzi twa muszelka.

Tyle tylko mogę zrobić
aby czary załagodzić. -
Wróżka kłania się królowi
i przygląda się chujowi

co to stanął nagle dumnie.
Znów się goście pieprzą tłumnie.
Znowu dziarsko się spuszczają,
panie wszystkim pizdy dają.

Szybko mkną księżniczce latka,
nie zna fiuta ta denatka.
Wszystkie chłopy pochowane,
dziewki biedne nieruchane.

Król wrzeciona zniszczyć kazał,
myślał, że tym klątwę zmazał.
Gdy czternaście lat minęło
dziewczę pały nie dotknęło.

Nim piętnaście lat nastanie,
pieprzy król się na polanie
wraz z królową, w dupę wali,
chuj mu stoi, jak ze stali.

Córka sama zamek bada.
Dobrze wie, że nie wypada.
Jednak schodzi aż do lochu,
a tam Kryśkę jebie Rochu.

Panna zaraz tam spoziera,
ręką w majtkach swoich gmera.
Krysia dobrze już zdymana
wraca cała rozczochrana.

Chłopak wackiem się pobawił,
znów na baczność go postawił.
Już królewna dotknąć rada
- Wsadź mi w cipę – mu powiada.

Roch jak każdy facet głupi,
nie wie, że królewnę dupi.
Małej zdzirze ciągle mało,
wiec pierdoli dzielnie pałą.

Potem mu do buzi wzięła.
Aż mu ziemia osunęła
się spod butów, jęczy, wzdycha,
tak nie umie prosta Krycha.

A gdy spuścił się jej w usta,
ona go palcami muska.
Znowu prężył się i bawił
w dupę jeszcze kutas wsadził.

Tak pół nocy szybko mija,
chłopak soki jej wypija.
Pizdę liże, ręką rucha,
z cipy strumień cieczy bucha.

Tak zerżnięta i zjebana
spała dobrze aż do rana.
Potem znowu w lochy chadza,
i strażnikom tam dogadza.

Nikt jej nie zna, że królewna,
tego zawsze była pewna,
bo diademu nie nosiła,
wiec jak chciała, się kurwiła.

Na piętnaste urodziny,
stos prezentów od rodziny
oraz gości tez dostała.
Lecz jej w głowie tylko pała,

tylko kutas się wciąż marzył.
Moment dobry jej się zdarzył,
do piwnicy poleciała
trzech gwardzistów wyruchała.

Na strych potem zaszła sobie
a tam babcia się kolebie
nad wrzecionem, nitkę przędzie.
Już królewna przy niej siędzie.

Bo ciekawa co się dzieje.
A zła wróżka już się śmieje.
już wrzeciono jej podaje,
w drzwiach król ojciec nagle staje.

Lecz za późno na ratunek
czas zapłacić jest rachunek.
Wiedźma z wiatrem stąd wypada,
na podłogę córka pada.

W łóżku pannę położyli
aby spała, aż do chwili,
kiedy kutas ją przebudzi
i przywróci światu ludzi.

Z zamku rzeczy swe zabrali
do letniego pojechali.
Jeszcze śpiącą spierdolili,
czy obudzi się sprawdzili.

Sto lat z hakiem sobie leci,
zamek pośród krzaków świeci.
Gęste kolce i konary,
ni jak przebyć ten bór stary.

Smok co leciał go zauważył
trochę krzaków więc usmażył,
wylądował, zamek bada,
do komnaty śpiącej wpada.

Pała zaraz mu stanęła,
wiec do buzi panna wzięła.
Ciągle spała, smok zdziwiony,
jebał w szale pogrążony.

Przez stół w kuchni ją przerzucił
i do rana chujem młócił.
Poszedł se na polowanie,
wrócił, zaczął znów ruchanie.

Tak mu słodko czas upływa,
jak to zwykle w bajkach bywa.
W dzień jebanie, spanie w nocy
polowanie o północy.

A w królestwie obok, książę,
w stajni nogi klaczom wiąże.
Jak król dzisiaj mu pozwolił,
będzie konie znów pierdolił.

Chuja bardzo miał dużego,
ojciec uczył od małego:
Pizda to nie mydło Pietrze
od ruchania się nie zetrze.

Więc Piotr dziewki w zamku łapał.
Stracił wkrótce jednak zapał,
bo fiut gruby i ogromny,
nie był wbić się w babę zdolny.

Wszystkich środków już próbował,
olej, smalcem go smarował.
Każda pizda była mała,
każda baba omdlewała.

Czy pchał mocno, pomalutku,
nie znać było tutaj skutku.
Nawet kurwy próbowały,
nie da rady wepchnąć pały.

Taka była przeolbrzymia,
z klaczą harce więc wyczyniał.
Koniom ledwo też wchodziła,
lecz tu siła się liczyła.

Sperma rozum mu odbiera,
raz przeleciał więc ogiera,
bo w swej chuci nie zauważył
ze mu w dupę dzidę wraził.

Męczy książę się w swej biedzie,
i na ręcznym, koniach jedzie.
Chadzał też na polowania,
zwierza szuka do ruchania.

Wybrał znowu się do lasu,
błądził po nim już szmat czasu.
Dotarł wreszcie do gęstwiny,
głogi, róże i jeżyny.

Tam pod drzewem dziadek siedział,
i historie mu powiedział.
Za zjebanie księcia klaczy,
o królewnie bajką raczył.

Że wybawi ją z niedoli,
kto się z babą nie pierdolił,
i że chuja mieć tęgiego,
trzeba do wyczynu tego.

Piotr już na ratunek bieży,
cnej niewieście, co to w wieży,
jego pały sto lat czeka.
Zamek widać już z daleka.

Nim przez krzaki się przeprawia,
fiuta już na baczność stawia.
Droga przed nim się otwiera,
rozpoznała bohatera.

Ścieżka wije się szeroka,
nie wie książę, że na smoka
w zamku natknąć mu się przyjdzie.
Może żywy stąd nie wyjdzie.

By mieć wolne ręce obie,
szybko konia trzepnął sobie.
Pytę w gacie zapakował,
mocno spodnie zasznurował.

Po komnatach wszystkich chodzi,
wśród kobierców grzesznych brodzi.
Pała spodnie mu rozsadza,
wśród posagów nagich chadza.

Nagle hałas słyszy z boku.
Wbiegł. Zatrzymał się na smoku,
co to w znoju i mozole,
jebał pannę se na stole.

Nie przestając ruchać baby,
spytał smok go, jakiej zwady
szuka tutaj człowiek w zbroi.
Znać, że Piotra się nie boi.

Książę myślał przez minutę,
spojrzał na królewny dupę,
i zakochał bez pamięci.
Dobrze wiedział co się święci.

- Ja o tobie już słyszałem,
i odnaleźć obiecałem –
mówi chłopak więc do gada.
- Pojedynku chcę – powiada.

- Chodź, zagramy o królewnę,
każde z nas, zwycięstwa pewne.
Większy fiut, kto z nas ukrywa,
ten dziewoję tę wygrywa.

Smok wprost zaśmiał mu się w oczy,
śpiące dziewczę z chuja stoczył.
Prężył pałę, patrzy godnie,
jak królewicz ściąga spodnie.

Aż oniemiał ze zdziwienia.
Księcia laga, bez wątpienia
była większa i węźlasta.
- Dobra, twoja jest niewiasta.-

Smok z podziwem mu odpowie,
- lecz przerwałeś mi w połowie.
Pozwól, że jej w buzię włożę,
nim dla ciebie ją odłożę.

Piotr się zgodził bez wahania,
nowy pomysł ma ruchania.
- Ty jej w gardło, ja jej w pipę,
będzie miała znakomite

i ciekawe przebudzenie.
Zaczynamy pierdolenie! -
I o dziwo jego pała,
weszła w pizdę jej bez mała.

Obaj mocno ją walili,
śpiącą pannę obudzili.
Aż piszczała im z radości,
że znów pieprzyć może gości.

Gdy oboje się spuścili,
to minetę jej sprawili.
Jęczy, cieszy się królewna,
szczęścia zaznać z nimi pewna.

Smoka zostać uprosiła,
a stanowcza bardzo była,
bo palcówkę mu klepała,
kiedy jego pała stała.

Odtąd zgodnie w trójkę żyli,
choć z innymi się pieprzyli,
nasz smok dzielny i królewna.
Swego Piotra była pewna,

że jej pipka go dostanie,
zaraz, jak mu laga stanie.
A stawała bez przestanku,
zawsze miała też w ruchanku

smoka, w dupie albo buzi.
Tak się bawią ludzie duzi.
I wesele wyprawili,
i Kurwiszki zaprosili.

Znowu stara jędza wpada,
lecz ja smok od razu zjada.
Beknął jeszcze, ogniem buchnął,
bo mu oddech po niej cuchnął.

Wróżki wszystkie pod wrażeniem,
dać mu dupy jest marzeniem,
już Kurwiszek. Każda biegnie,
po kolei się z nim jebnie.

Śpiąca panna oraz książę
pieprzą się i rządzą mądrze.
Smok na straży prawa stoi,
razem z nimi się pierdoli.

Gdy potrzeba bohatera,
można zostać nim od zera.
Zjeść wystarczy wredną wróżkę,
aby przerżnąć móc Kurwiuszkę.

Kurewna Śnieżka

Za górami, za lasami,
stoi zamek, lecz z wieżami
na kształt fiutów zbudowanych.
To nie dzieło jest zalanych

i wczorajszych budowniczych.
Brama zamku na kształt piczy
postawiona, malowana.
W zamku mieszka wielka dama

- czarodziejka – zła królowa.
Nigdy jej nie boli głowa,
zawsze chętna na igraszki
i uwielbia męskie ptaszki.

Zła królowa w łóżku jęczy,
troje chłopa się z nią męczy.
Każdy pałę jej swą wciska,
od wilgoci cipa śliska.

Ona loda robi zgrabnie,
tyłkiem kręci swym powabnie.
Dwóch ją na dwa ognie rucha,
sperma z chujów wszędzie bucha.

Czynem tym zaspokojona,
schodzi z łoża więc spełniona.

Do komnaty się udaję,
naga przed lusterkiem staje.

- Powiedz mi lusterko przecie:
Jest li jaka dziewka w świecie,
co tak dobrze dupy daje,
że aż kutas każdy staje? -

Lustro mierzy jej krągłości,
bada pizdę aż do kości,
stęka, sapie i wibruje,
tafla bielą mu faluje.

Po czym werdykt swój wydaje:
- Dla twej piczy kutas staje,
ma królowo, w zamku, w lesie.
Jednak jak wieść gminna niesie,

to królewna Śnieżka mała
do pieprzenia się zabrała.
Do jej pipy ciągną ciury,
wsadzić fiuta jej do dziury.

A że wszystkim dała słowo,
pobić rekord twój, królowo,
chętnych dupy nie brakuje,
skryba skrzętnie ich notuje.

- Łżesz! – królowa gniewnie krzyczy.
Czy za mało jej słodyczy,
ciastek, trufli zanosiła,
że się dziewka nie roztyła?

Pyta lustra więc na nowo.
- Musisz pomóc mi królowo,
stan ekstazy zdobyć wielki,
użyj proszę swej muszelki.

Na mej ramie trzon węźlasty,
dotąd tylko pederasty
dupy zażyć miał sposobność.
Wybacz proszę niedogodność.

Patrzy na ten trzon królowa,
w cipę rękę swoją chowa.
Wilgoć z palców jej skapuje,
- Zaraz dzidę twą poczuje –

szepcze czule do lusterka,
siada na nim, w tafle zerka.
Wije wdzięcznie się władczyni,
cuda z pytą lustra czyni.

Bielmem lustro wnet zachodzi,
schrypłym głosem jej zawodzi:
- Ta księżniczka sprytna mała,
dietę cud opracowała.

Z garnizonem sadło zrzuca,
i na chuju każdym kuca.
Umie zrobić laskę pięknie,
w gardło bierze i nie jęknie.

Wiec się dziewczę wyrobiło,
w sztuce kurwy się wprawiło.
Gładkie liczko ma i ciało,
wrażeń z Śnieżką wszystkim mało.

- Dobrze, ja załatwię sprawę –
kończy z lustrem swą zabawę
już królowa. Plan ma w głowie.
- Łowcę wołać! – służbie powie.

Przyszedł do niej drab ogromny,
a że chłopak był swawolny,
bardzo krótkie nosił spodnie –
bo tak modnie i wygodnie.

Pyta jednak wystawała,
i do kolan mu dyndała.
Wszystkie dziewki uciekały,
pierdolenia z nim się bały.

Lecz królowej jest niestraszny,
chociaż z niego chłop kochaśny,
nie dotrzymał on jej kroku.
Patrzył potem sobie z boku,

jak trzech innych ujeździła,
i nasienie z nich wypiła.
Nasycona i zruchana
spała potem z nim do rana.

Teraz jednak ma zadanie
troszkę inne niż jebanie.
Ma księżniczkę Śnieżkę małą,
zapierdolić swoją pałą.

Suto wyczyn się opłaci,
bardzo na tym się wzbogaci.
Zbrodnia ujdzie za wypadek,
że za mały miała zadek,

na tak wielką pałę zbója.
Po co pali się do chuja,
jak nie może w dupie zmieścić?
Łowca długo ma ją pieścić.

Ma ją zdymać i wyrychać,
aż przestanie biedna dychać.
Ścierwo niech podrzuci w lesie,
i o wszystkim jej doniesie.

- Jam twój sługa uniżony,
pizdy bardzom jest spragniony.
Łatwo pójdzie zjebać dziewkę,
zaraz zacznie w lesie śpiewkę.

Poszedł szukać nastolatki,
zerwał dla niej jakieś kwiatki.
Fiuta w spodniach swych zrolował,
w młodych dziewkach on gustował.

Jednak każda panna mdlała,
gdy na kuśkę mu spojrzała.
Potem płacz był i wyzwiska,
żeby wyjąć chuja z pyska.

Żadna więcej nie wracała,
lecz królowa wyznaczała
bardzo często mu wizyty.
Wracał od niej bardzo zryty.

Teraz sobie poswawoli,
poużywa se do woli.
Może ruchać do padłego
i nie spotka go nic złego.

Znalazł naszą Śnieżkę w lesie,
kwiatki do niej grzecznie niesie.
Czułym słówkiem ją pogładził,
po czym rękę w cipę wsadził.

Ona z ziemi się porwała,
pała już mu dumnie stała.
Lecz dzieweczka piękna, zwinna,
łapie fiuta, gdzie powinna,

i obciąga druta cudnie.
Łowcy się kolano ugnie,
tak mu dobrze, gdy go wzięła.
Cała pytę już połknęła,

główką kręci i językiem.
On się spala pod dotykiem
jej usteczek. W gardło wpycha
i z rozkoszy tylko wzdycha.

Aż wypuścił swoje soki,
przełyk Śnieżki był głęboki.
Ona jaja w dłonie chwyta,
śmiało liże i nie pyta,

czy podoba się pieszczota.
Widać, z małej jest niecnota,
co nie jeden chuj widziała
i z niejednym się puszczała.

Kiedy laga znowu stoi,
Śnieżka wcale się nie boi.
Już rozkłada nogi zgrabnie,
Łowca w szale na nią padnie.

Tak pierdolił ją noc całą.
W ciasną piczę, w dupę małą.
W gardło znowu jej pakował,
w cipę, w odbyt kutas chował.

Zerżnął pannę, że aż miło,
parę kilo mu ubyło.
Ledwo dycha wymęczony,
przez dziewoję zagoniony.

Zasnął w końcu Łowca chwat,
nagle czuje jakiś bat.
Śnieżka kuca już okrakiem.
nad stojącym dumnie ptakiem.

Bacik w małej dłoni ściska,
sok z jej pipki na chuj tryska.
Już na pala się nabiła,
do korzenia się spuściła.

Pejczem smaga Łowcę śmiało.
Ruszyć ręką nie udało
się chłopinie, ani nogą.
Pęta z rąk na nogi wiodą.

- Ma macocha cię przysłała –
mówi dumnie Śnieżka mała.
- Gadaj coś miał ze mną zrobić,
bo ci gębę mogę obić.

Ruszy przy tym biodrem w przód,
czuje w sobie jego wzwód.
Ściśnie członek w piździe równo,
jemu w mózgu tylko gówno,

tylko cipa się ostała.
Każda z myśli się rozwiała.
Razy na swej klacie czuje,
skomląc, wyjąc, już szczytuje.

- Zapierdolić ciebie miałem,
lecz cię sercem pokochałem.-
Łapiąc oddech, ledwo rzęzi,
- mego chuja tyś z uwięzi

na świat znowu wypuściła.
Jemu dziupla twoja miła.
Pozwól ruchać co dzień ciebie,
będzie razem nam jak w niebie.

- Złej macochy się pozbędziesz,
znowu jebać Śnieżkę będziesz. –
Mówi doń filozoficznie
i uśmiecha się prześlicznie.

Węża z cipy wypuściła,
lekko pejczem go obiła.
Jęczał Łowca, więcej prosił,
Sado-Maso błogo znosił.

Więzy zdjęła mu dziewczyna,
i ubierać się zaczyna.
- W lesie schronie się tymczasem,
ty z królową walcz kutasem. -

Potem do mnie wracaj w zdrowiu,
pieprzyć będziem się przy nowiu.
Ty do drzewa mnie przykujesz
moje dziury spenetrujesz. -

Lekko fiuta w dłoni ściśnie,
po czym pejczem w dupę świśnie.
Pędzi Łowca podniecony,
do królowej, wygłodzony.

Śnieżka śmiało w las ucieka,
tęgich zbójów w krzakach czeka.
Gwałt zbiorowy jej się marzy,
aż wypieki ma na twarzy.

Patrzy idą chwaty drogą,
może zerżnąć dupę mogą,
bo już mokra cipa cała.
Lecz kompania jakaś mała.

Karły chyba, jakie dziwne.
Może chuje mają zrywne?
Kurwik w oczach jej się jarzy,
swym uśmiechem knypki darzy.

U stóp pada im zemdlona,
kręcąc tyłkiem rozpalona.
Lecz karzełki, dobre chłopy,
zamiast wziąć się do roboty,

cipę, dupę jej wyruchać,
zaczynają na nią chuchać.
Wachlowali, wodę lali,
aż zmęczeni się poddali.

Nosze dla niej wnet zrobili,
w swej chatynce umościli.
Śnieżka oko swe otwiera,
na prawiczków tych spoziera.

Poszli kąpać się w korycie,
patrzy Śnieżka, co za życie!
Takie dziwne ludki małe,
jednak chuje ich wspaniałe.

Tęgie, grube i więźlaste,
rozpierdolą wnet niewiastę.
Każdej piździe zrobią dobrze,
dała im natura szczodrze.

Już przemyśla jak ich zruchać,
nie ma co na zimne dmuchać.
Szybko ciuszki swe zrzuciła,
raźno pipkę swą umyła,

też w korytku. Karły w szoku,
członki stoją od widoku.
Główki się czerwienią jarzą,
o jej dziurze tylko marzą.

Chodzi panna urodziwa,
lecz kompania jest cnotliwa.
Żaden w piczy nie figlował,
jeden z drugim spurpurowiał.

Chwyta fiuta Mędrka w usta.
To dopiero jest rozpusta,
ledwo mieści jej się w buzi,
mali chłopcy, tacy duzi.

Mędrek ją za głowę złapał,
szarpnął, po czym stracił zapał,
bo nasieniem w twarz jej chlapnął.
Apsik w cipę kutas zapnął.

Już kolejka się ustawia,
w usta pałę każdy wstawia.
Ona ciągnie, ssie i liże,
zmysły traci w sexu wirze.

Gapcio braci swych rozbawił,
zamiast w pizdę, w dupę wsadził
swoją dzidę, pcha i sapie.
szybko rytm królewna łapie.

W picze trzonek młotka wpycha
i z rozkoszy tylko wzdycha,
Trzepią konia karły w koło,
używają se wesoło.

W domu znowu się zaczyna,
po kutasie w dłoniach trzyma.
Dwaj ją z tyłu zapinają
trzej do buzi jej wkładają.

Tak się bawią, czas ucieka,
na Łowczego Pani czeka.
W skórę dzisiaj się odziała,
już Łowczemu staje pała.

Już uprzęże mu zakłada,
dzisiaj ona tutaj włada.
Wykorzysta jego drążek,
gładki, twardy jak posążek.

Już jak piesek ma obrożę,
służy Pani tak, jak może,
Śnieżka w głowie jednak siedzi,
co ma zrobić już się biedzi.

Gdy królowa go chłostała
jego pyta znowu stała.
Do padłego babę ruchał,
spermą w twarz i cycki buchał.

Aż zmęczony i zjebany,
runął w pęta i kajdany.
Zasnął zaraz na podłodze,
wychłostany przez nią srodze.

Zła macocha lustro wzywa.
Czy nowina jest prawdziwa,
że się Śnieżki już pozbyła?
Długo z lustrem się pieprzyła.

Lustro dziwy jej objawia,
jak królewna się zabawia.
Jak jej licznik ruchań skacze.
- Ja ci kurwo nie wybaczę! -

Strasznie złości się królowa.
Zabić Łowcę jest gotowa.
Ale pomysł ma już nowy,
jak pozbawić Śnieżkę głowy.

W wieży swojej się zamyka,
chuja tworzy już z kamyka.
Rzeźbi, gładzi, ściska w dłoni,
wielki penis jak u koni.

Rzuca klątwy i czaruje,
kutas w dłoni sam wibruje.
Jaja także się ruszają,
w mig łechtaczkę rozbudzają.

Wyszedł cudnie jej nie lada,
sama w sobie już go bada.
Dodać jeszcze tu trucizny,
by uwolnił od zgnilizny,

co się Śnieżką młodą zowie.
W gardle niechaj stanie krowie.
Niech ja zdławi i udusi,
ona umrzeć jutro musi.

Za żebraczkę się przebrała,
do drzwi chatki zapukała.
O jedzenie Śnieżkę prosi,
żądza prawie ją roznosi.

Krasnoludki by przerżnęła,
chętnie tyłek by wypięła
lecz niestety w pracy chwaty.
Z kosza członek wiec kudłaty,

długi, prężny wnet wyciąga.
Śnieżka chciwie go ogląda.
- Dobra dla mnie dziecko byłaś,
ty na niego zasłużyłaś.

Więc używaj go do woli,
gdy chłop mało cię spierdoli.
W smaku także niezrównany,
raz smakuje jak banany,

czekolada lub truskawka.
Bardzo zdatna to zabawka.
Dalej, poliż główkę śmiało,
w cipę wsadzać to za mało.

Bierze w usta wiec królewna,
w swoim fachu bardzo pewna.
Aż po jaja go wsadziła,
dłonią kulki pogładziła.

Nagle czubek się urywa,
dziewczę smutno dogorywa.
Cieszy dumna się królowa,
fiuta do koszyczka chowa.

Krasnoludki w dom wróciły,
co się stało nie wierzyły.
Jeszcze ciepłą pipkę miała,
wiec ją grupka wyruchała

W szklaną trumnę ją wsadzili,
i czasami ją pieprzyli.
Łowca nie chciał dawać wiary,
aż zobaczył szklane mary.

Jeszcze w buzię chciał jej wsadzić,
zaczął wiec z karłami radzić,
jak ją w trumnie ma ułożyć,
żeby chuja w gardło włożyć.

Wiec pomogły małe ludki.
Choć od śmierci czas był krótki,
wszyscy za nią już tęsknili,
zaraz po nim by użyli.

Pała w gardło się zmieściła,
aż księżniczka im ożyła.
Przepchał Śnieżce rurę zdrowo,
można jebać ją na nowo.

Już się spuszcza z białych kiści,
aż z trucizny ją oczyścił.
Tak królewna uzdrowiona
jutro będzie jego żona.

Zła królowa lustro pyta,
czy pozycja niezdobyta
pośród kurew jej należna.
Czy od Śnieżki nie zależna?

Lustra gałąź w cipie gmera.
Zła królowa wnet zamiera,
bo księżniczkę w lustrze widzi,
jak z jej Łowcą się ohydzi.

Serce z żalu jej trzasnęło.
Lustro lekko się wygięło
i pochłania nagie ciało,
do jebania się nadało.

Czarem ją zakonserwował,
i na członku swym zachował.
Czasem z gardła jej wystaje,
kiedy lustro czadu daje.

Śnieżka z Łowcą zamieszkała,
na weselu się ruchała
z każdym gościem, co miał pałę.
Łowca swą zdobywał chwałę,

przepierdolił z tuzin wróżek,
już nie robił za podnóżek.
Burdel razem otworzyli,
i w dostatku sobie żyli.

Krasnoludki zaś, kutasy,
panie brały ich na wczasy.
Z nimi sie tam pierdoliły,
kasę za to im płaciły.

Morał z bajki tej jest taki
krasnoludki to jebaki.
A w burdelu kurwy siedzą,
jak dogodzić chłopom wiedzą.